U0143415

建军大业

纪念中国人民解放军建军90周年优秀美术作品集

《解放军美术书法》杂志编辑部　组织编写

北京出版集团公司
北京美术摄影出版社

图书在版编目（CIP）数据

建军大业 ：纪念中国人民解放军建军90周年优秀美术作品集 / 《解放军美术书法》杂志编辑部组织编写. — 北京 ：北京美术摄影出版社，2018.11

ISBN 978-7-5592-0172-0

Ⅰ. ①建… Ⅱ. ①中… Ⅲ. ①美术—作品综合集—中国—现代 Ⅳ. ①J121

中国版本图书馆CIP数据核字(2018)第182479号

责任编辑：王心源
助理编辑：王　欢
封面设计：毕　爽
责任印制：彭军芳

建军大业
纪念中国人民解放军建军 90 周年优秀美术作品集
JIANJUN DAYE
《解放军美术书法》杂志编辑部　组织编写

出　版　北京出版集团公司
　　　　北京美术摄影出版社
地　址　北京北三环中路6号
邮　编　100120
网　址　www.bph.com.cn
总发行　北京出版集团公司
发　行　京版北美（北京）文化艺术传媒有限公司
经　销　新华书店
印　刷　北京启航东方印刷有限公司
版印次　2018年11月第1版第1次印刷
开　本　635毫米×965毫米　1/8
印　张　36
字　数　93千字
书　号　ISBN 978-7-5592-0172-0
定　价　298.00元
如有印装质量问题，由本社负责调换
质量监督电话　010-58572393

前言

中国人民解放军是中国共产党缔造和领导下的人民军队，自创建以来为人民解放、抵抗外侮、国防安全、祖国建设、服务人民和维护世界和平等事业建立了不朽的功勋。2017 年是中国人民解放军建军 90 周年，为再现人民军队的缔造和发展历程，彪炳人民军队的丰功伟绩，增进军民鱼水深情，我们编辑出版《建军大业——纪念中国人民解放军建军 90 周年优秀美术作品集》。

全书按照人民军队创建、成长的重要阶段和军队建设及职能的重要方面分为 5 个部分，即讴歌人民军队创建伟业的“星星之火　峥嵘岁月”，颂扬我军团结民众抵御外侮、护卫中华的“金戈铁马　壮怀激烈”，赞扬子弟兵守土卫疆、保境息民的“保家卫国　维护和平”，表现军民团结、军地共建的“鱼水情深　共铸辉煌”，展现现代军队风貌的“军旅生活　军人风采”。每一部分着重于人民军队建设的一个侧面，向广大人民群众全面呈现中国人民解放军缔造、发展、壮大的光辉历程，既有宏阔再现，也有细节刻画。透过本书，读者能够充分、全面地了解人民的军队，增进军民深情，增强每一个中国人的民族自豪感和历史使命感。

本书所辑录的作品均为历届重大军事题材美术作品展的优秀作品，题材新颖、立意深刻、画工精湛。一幅幅具有极强感染力的画作，让人能够强烈地感受到那些壮怀激烈的岁月、那些可歌可泣的英雄，生发爱党、爱国、爱军之情。

目录

033 | 金戈铁马　壮怀激烈

星星之火　峥嵘岁月

国画
油画
版画
雕塑

国画

南昌欲晓图

蔡志中

120cm×220cm

国画 | **霜晨月**

孟可欣

110cm×240cm

国画

祝捷

邬江

200 cm×200 cm

国画

平江起义

崔跃

230 cm×332 cm

国画 | **红军经过的地方**
王习哲
190cm×240cm

国画

挺进岷山

曹广胜

144cm×246cm

国画

爬雪山

于立学

70cm×50cm

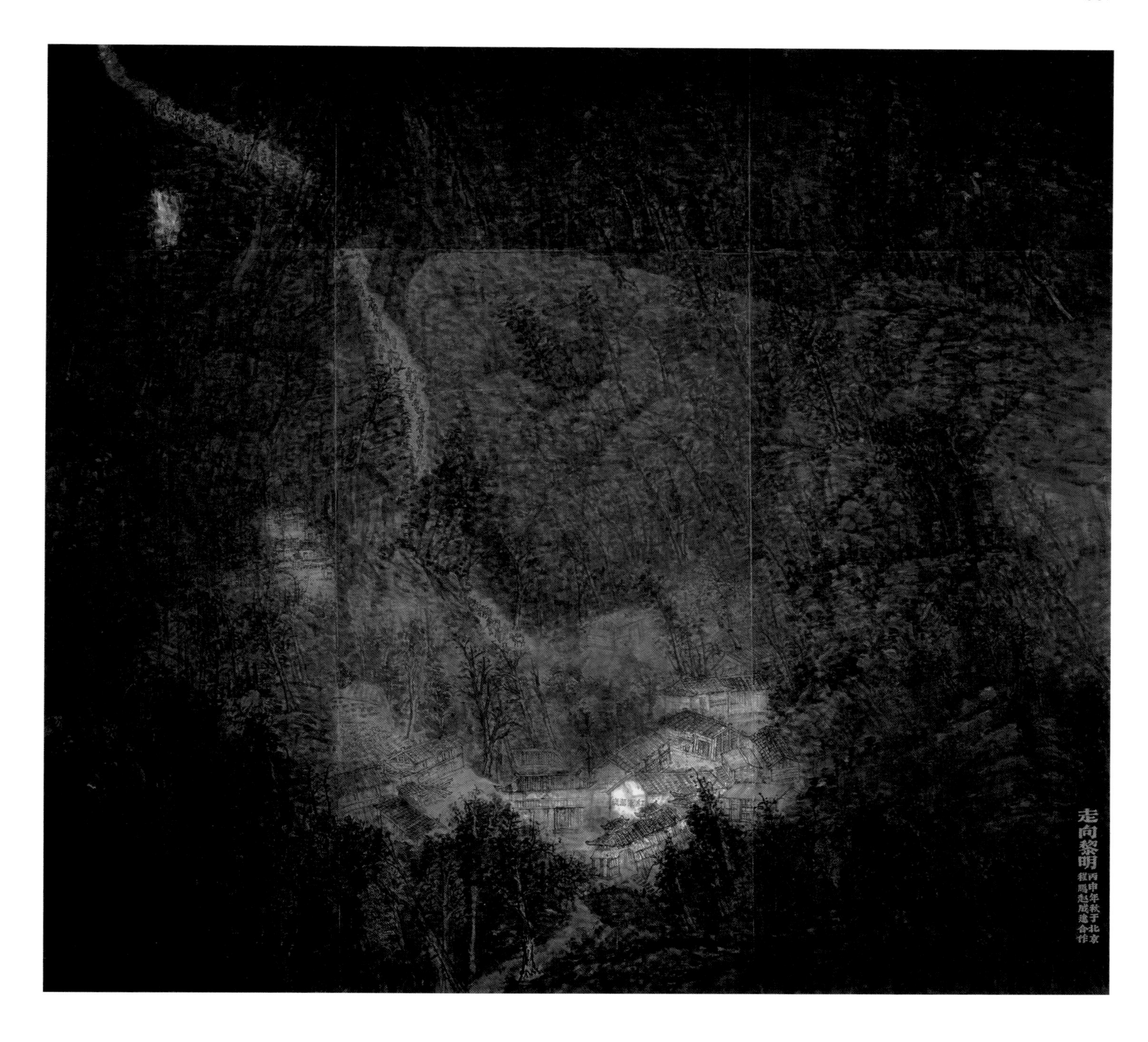

国画

走向黎明

程鹏　赵成建

250 cm×130 cm

国画

曙光·1934

欧阳明利

150cm×200cm

国画 | **会师**
王东方
143 cm×240 cm

国画

号角

陈思瑜　于淼

250 cm×250 cm

国画

那年那月

李洪涛

140 cm×220 cm

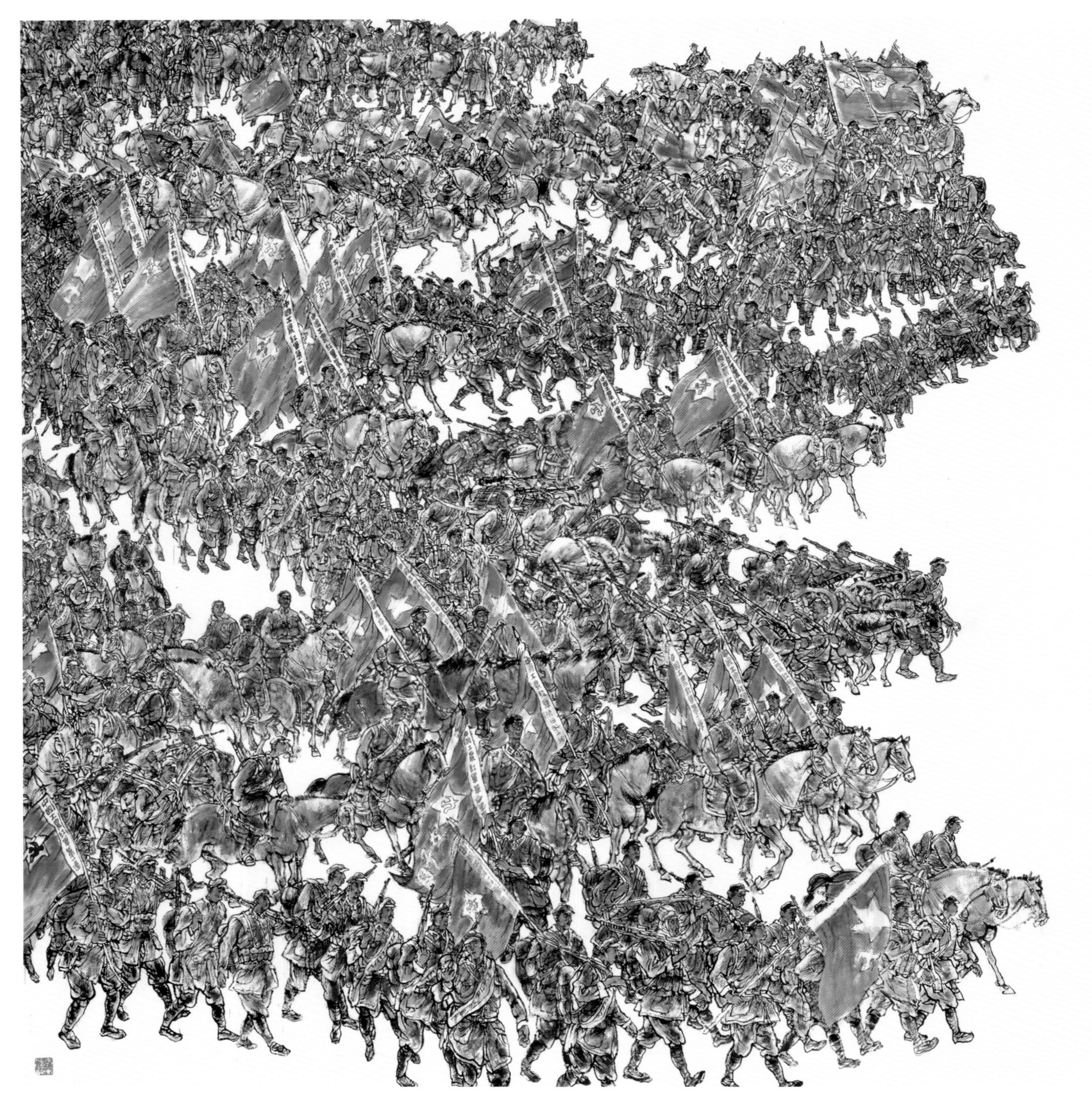

国画

一杆杆红旗一杆杆枪

吴建科

200 cm×200 cm

国画

山丹丹花开红艳艳

柴京津

180 cm×220 cm

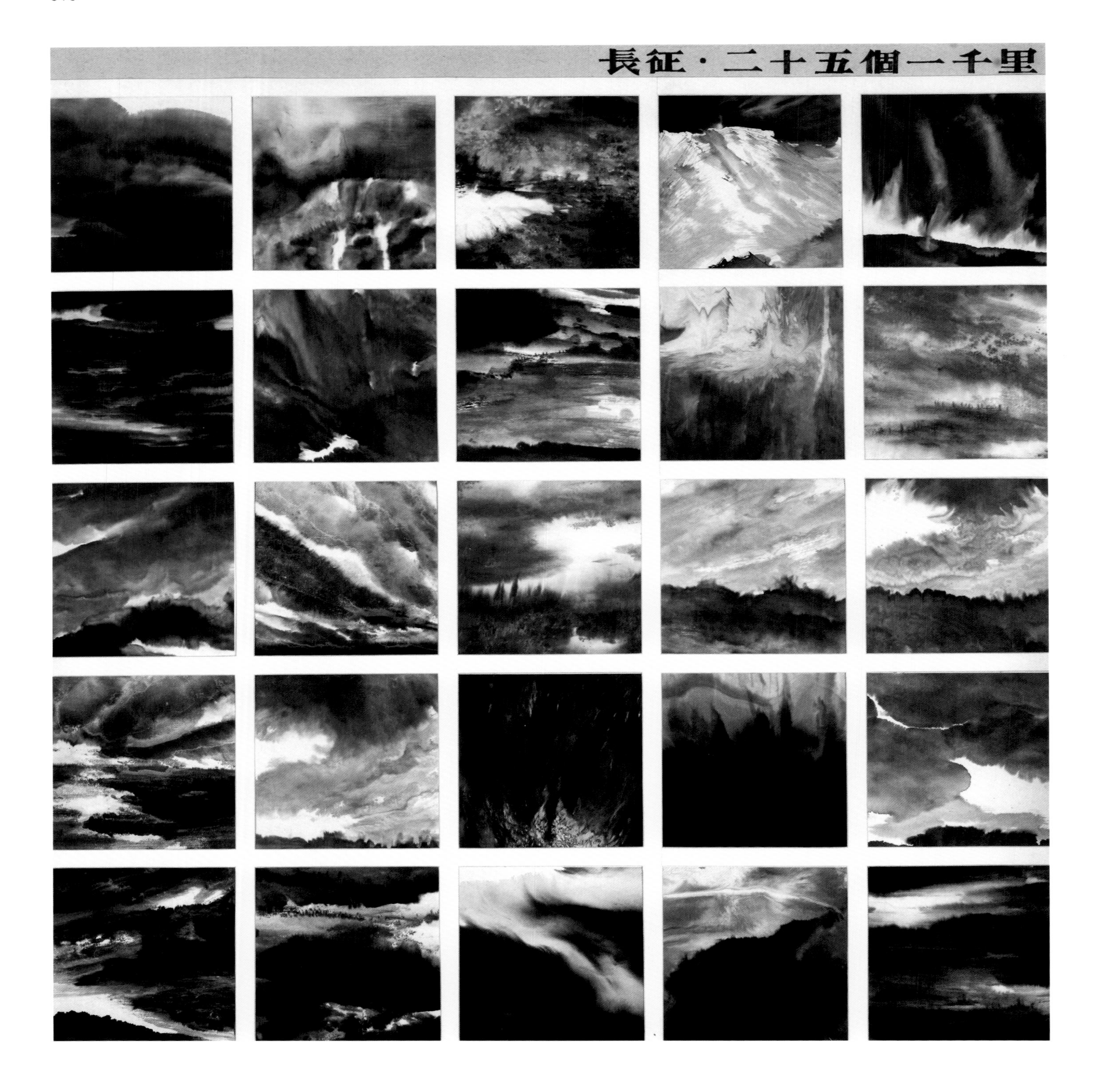

国画

长征·二十五个一千里

李高龙

190cm×200cm

国画

光辉岁月

张桂兰

180 cm×180 cm

油画

南昌起义

罗田喜　张长东

443 cm×288 cm

油画

雨后复斜阳

陈树东

190cm×154cm

油画

关山阵阵苍

陈树东

350 cm×260 cm

油画

我们一定会回来

孙立新

400 cm×220 cm

油画 | **走出泽地**
李如
150cm×180cm

油画

信念

白展望

200 cm×286 cm

油画

遵义会议

沈尧伊

600 cm×300 cm

油画

战地黄花

李晓宇

150cm×150cm

油画

星火燎原

陈鹏

240 cm×160 cm

版画

见证·我编斗笠送红军

喻涛

87.5 cm×87 cm

雕塑

青春之歌

蒋楚

25cm×22cm×85cm

金戈铁马　壮怀激烈

国画

油画

版画

雕塑

国画

保卫家园

任惠中

195cm×260cm

国画 | **太行魂**
王心刚
180cm×210cm

英雄
甲申年冬月徐文畫於沈陽

国画

英雄

徐文

760 cm×300 cm

国画

丰碑

曹天龙

180 cm×300 cm

国画

屹立

夏荷生

220 cm×480 cm

国画

抗日去

马未定

160cm×180cm

国画

抗战到底

白燕

180 cm×200 cm

国画

参军入伍打鬼子

陆千波

220cm×175cm

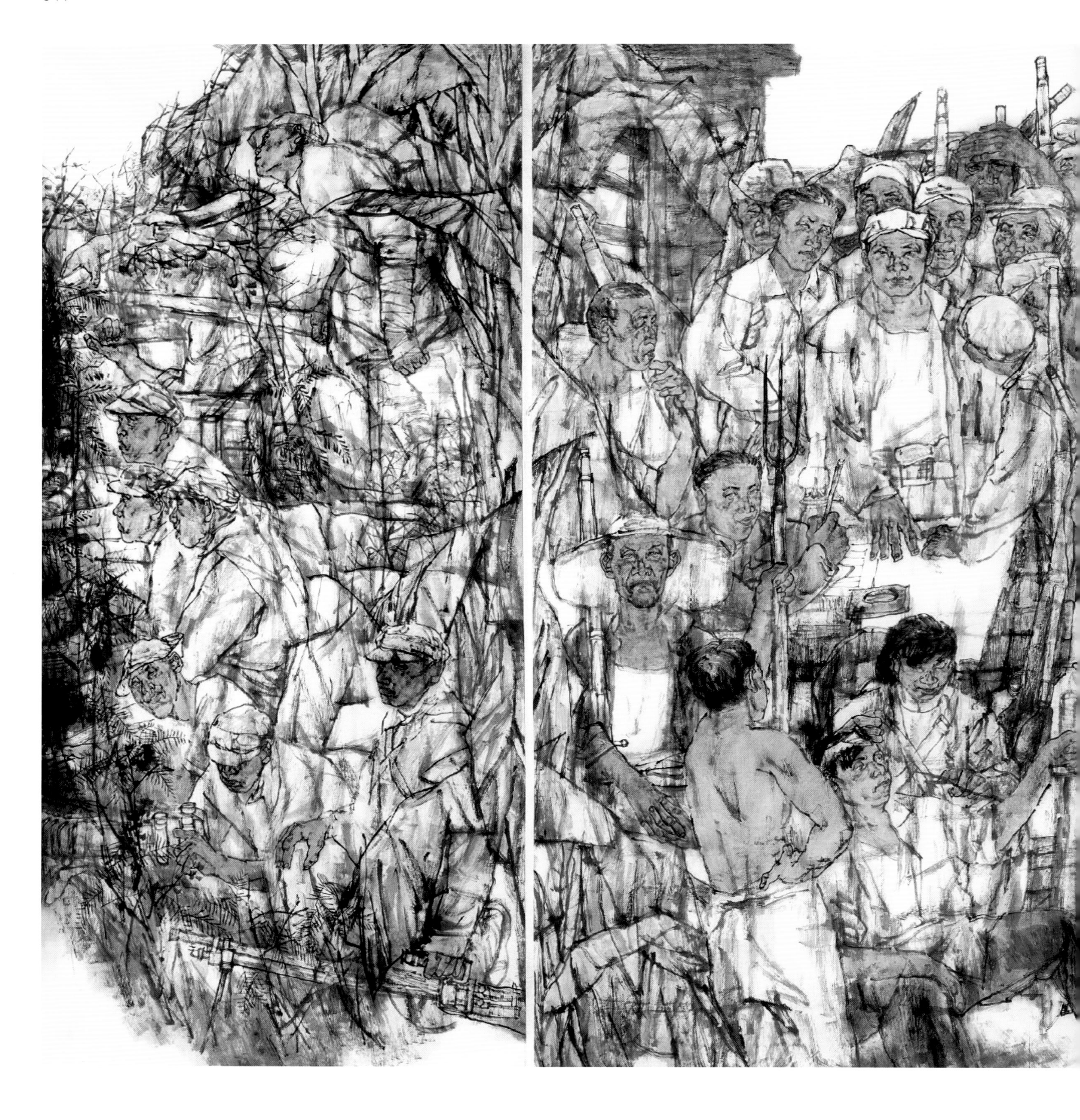

国画

东江纵队

朱合成

300cm×160cm

国画

搜索

肖瑶

160cm×190cm

国画 | **铁肩**

高迎利

120cm×135cm

国画 | **马背上的医院**
王野翔　张剑波　鹿海啸
270 cm×140 cm

国画

战场方舟

李宁

190cm×170cm

国画

义释韩德勤

王野翔

270cm×140cm

国画

硝烟初散

孙戈

120cm×280cm

国画

胜利的日子

邓超华

170cm×226cm

国画

祖母的童年

韩正法　周传利　刘相阳　蔡亮

180cm×180cm

国画

圣地童谣

张艺振

160cm×240cm

国画

记忆中的青纱帐

时贯宇　陈文利

200 cm×200 cm

国画 | 微山湖上静悄悄
赵初凡
165cm×230cm

国画

解放区的天

齐红霞　颜正强

180 cm×300 cm

国画

红色记忆

王红涛

126cm×235cm

国画

陈嘉庚在延安

郭东建

250cm×240cm

国画 | **红镜头**
石军良
190cm×200cm

油画 **民族先锋**

孙立新

200 cm×80 cm

油画 | **我们都是神枪手**

谷钢

310cm×190cm

油画

不屈的抗联

李思学

210cm×150cm

油画

山河交响——太行组画

曲直　申乙

180 cm×200 cm

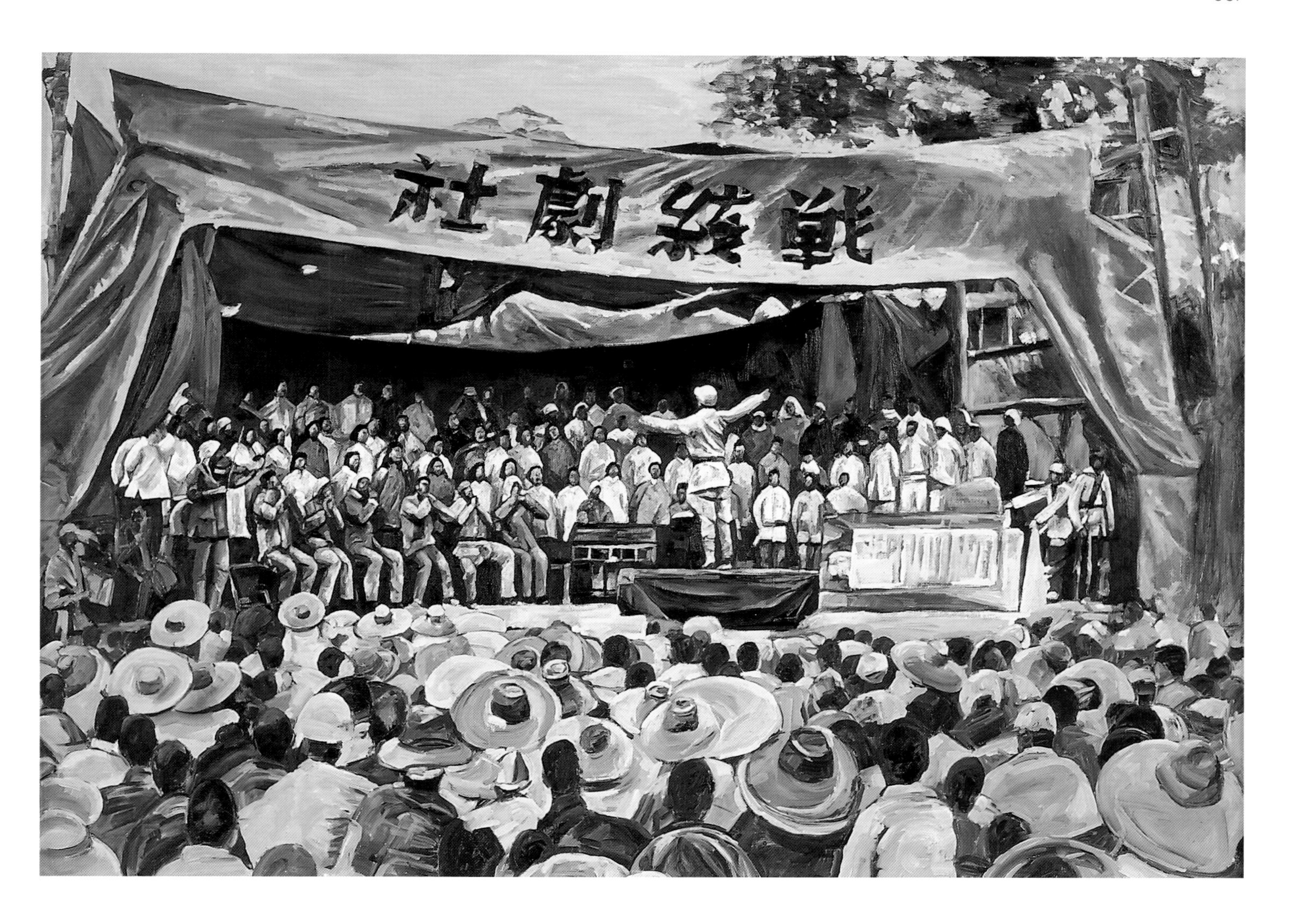

油画

战线剧社

刘可峥

250 cm×200 cm

油画

东方即白

程克

200cm×150cm

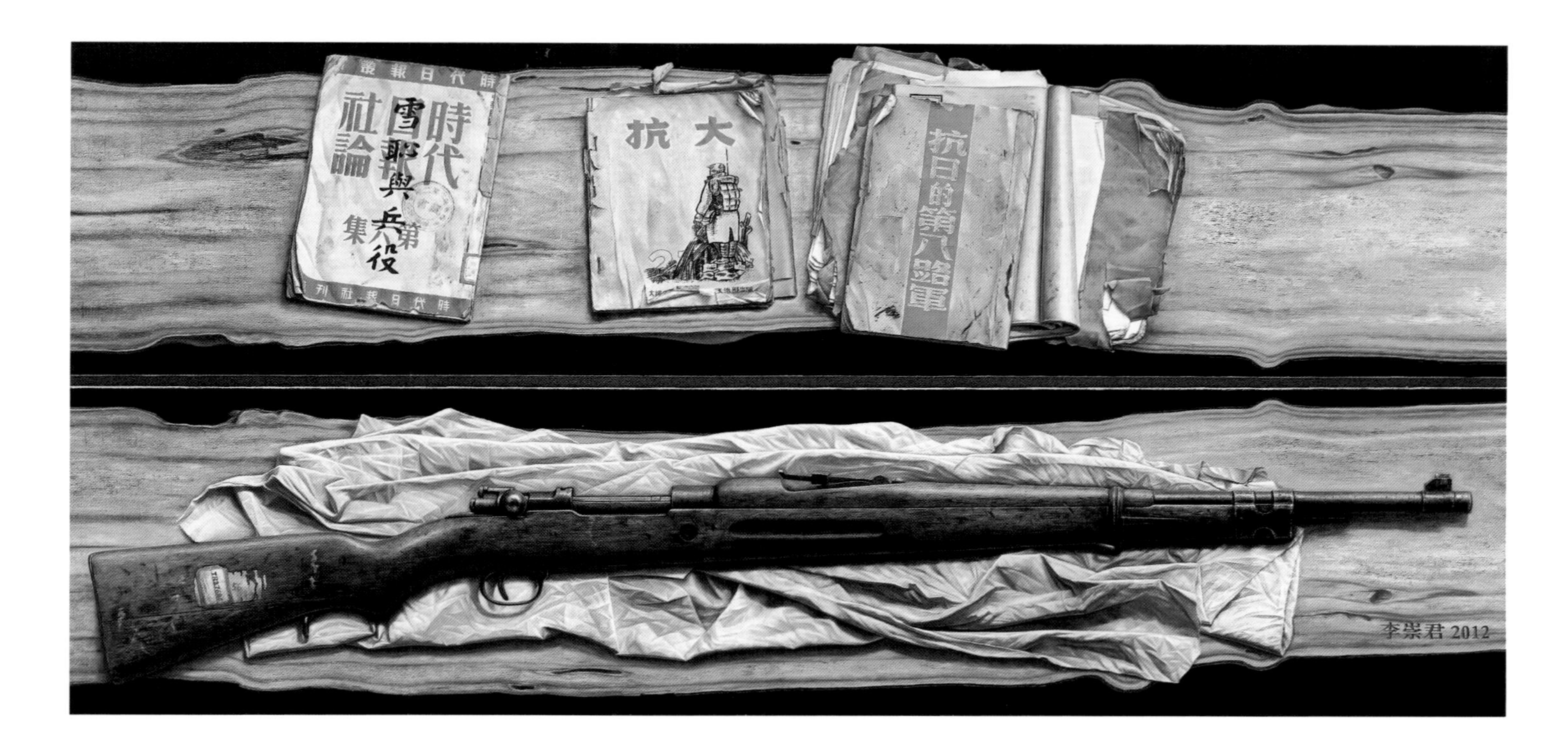

油画

曙光在前

李崇君

175cm×40cm

油画

陕北的夜

顾国建

250 cm×180 cm

油画

枣园的明灯

王睿

135cm×120cm

油画 | **硝烟远去**
李彦修
300 cm×200 cm

油画

民族正气

陈宜明

300 cm×240 cm

油画

渡

张秀丽　巨云和

162cm×130cm

油画

铁道游击队

姜书戈

600 cm×250 cm

油画

日出

单国栋

150cm×150cm

油画

黄河畅想曲

聂轰

100cm×80cm

油画

黄土地上的阳光

窦培高　王荣

160cm×180cm

油画

长城长

孙军

140cm×210cm

油画

人民不会忘记你——抗日英雄成本华

朱广新

106cm×216cm

油画

瑞雪——1940年的记忆

曲鸽

160 cm×300 cm

油画

前仆后继

陈健

300 cm×210 cm

油画

铭记——黄土岭 1939

朱广新

213cm×173cm

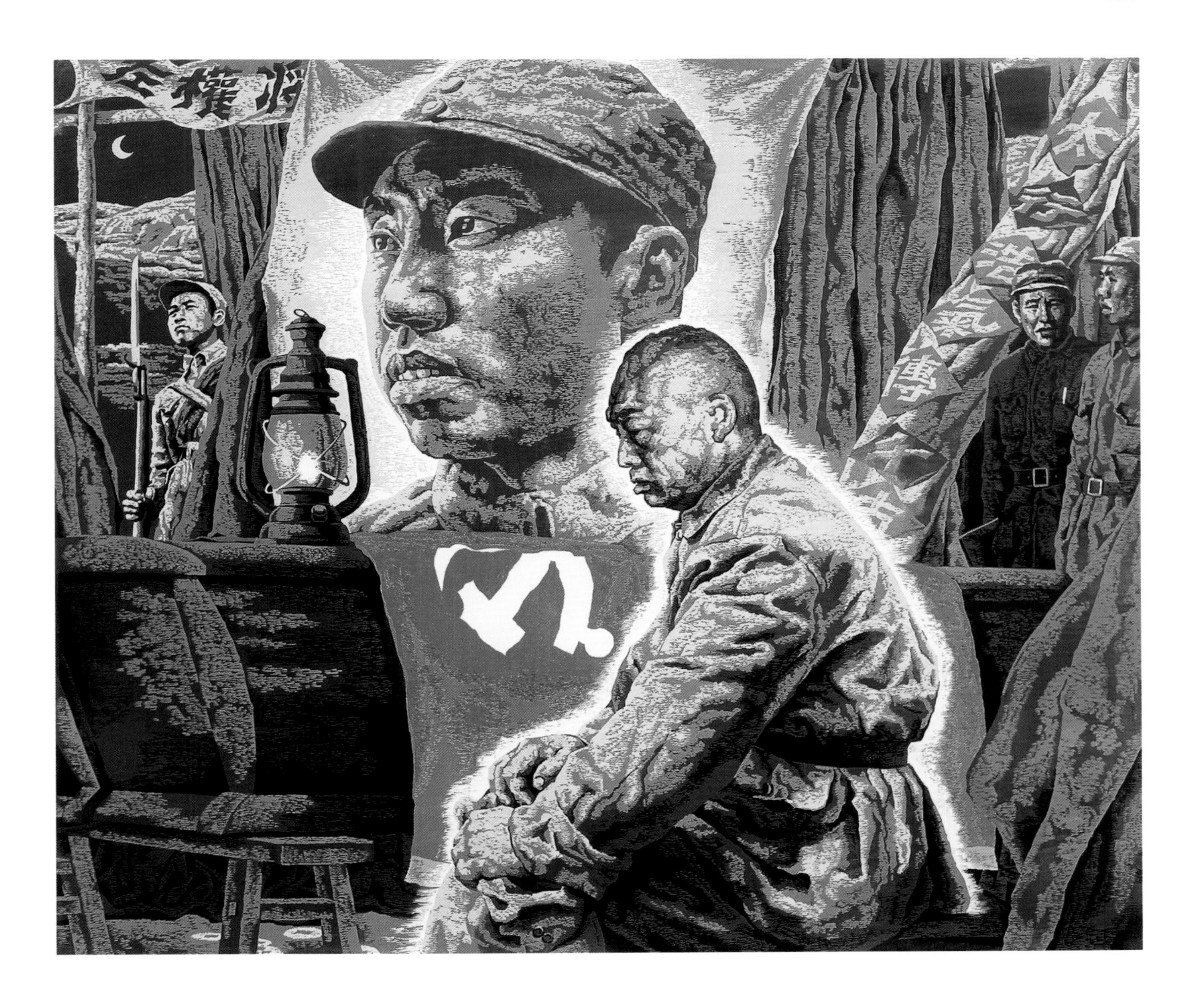

版画

长夜

贾立坚

80 cm×68 cm

版画

从头收拾旧山河·一

韩飞　王卫强　范圣桥　郭红星

91cm×140cm

版画 | **从头收拾旧山河·二**

韩飞　王卫强　范圣桥　郭红星

91cm×140cm

版画

我爱中国系列

曹戈

50cm×70cm×6

版画 **延河水**
李传康
91cm×81.5cm

版画

火红的青春

马俊

95cm×105cm

版画

重于泰山

代大权　贺秦岭

240 cm×360 cm

雕塑

前仆后继

郎钺　谈强　曹天龙

180 cm×185 cm×280 cm

雕塑

一寸山河一寸血

谈强

50cm×80cm×150cm

雕塑

共固神州

张继勇　吴淦欣

50 cm×28 cm×70 cm

雕塑

锐骑

刘畅　曹天龙　康静

80cm×80cm×140cm

雕塑

丰碑

闫坤

50cm×50cm×120cm×5

雕塑

聂荣臻与美穗子

黄兴国

64cm×25cm×126cm

雕塑

南京记忆 1937 年 12 月 13 日

赵前锟

48cm×38cm×98cm

雕塑

芦苇丛中

粘瑞真　黄力生　解澜涛

120 cm×60 cm×140 cm

雕塑

一针一线总关情

张飙

60cm×60cm×80cm

雕塑

解放区的天

王未

63cm×30cm×66cm

雕塑

听到远方抗日胜利的凯歌声

章华

76cm×29cm×85cm

雕塑

解放区的战利品

耿延民

140cm×150cm×200cm

保家卫国　维护和平

国画
油画
版画
雕塑

国画

士兵系列之四

张力弓

195cm×195cm

国画

战士

袁鹏飞　王珂

240cm×260cm

国画

高原

杨进民

158cm×218cm

国画

绿色的风

侯贺明　王班　王华　曹锦来

178cm×214cm

国画

守望天山

孙恺　范高其

200cm×240cm

国画

边陲哨兵

林玉祥

260cm×330cm

国画

踏雪巡逻戍边关

仓小宝

140cm×200cm

国画

金色兵站

王界山

97 cm×180 cm

国画 | **静海**
高维洲
200cm×200cm

国画

南疆

朱红晖

170cm×190cm

国画

待命

陆千波　李宁　张皓媛

180cm×180cm

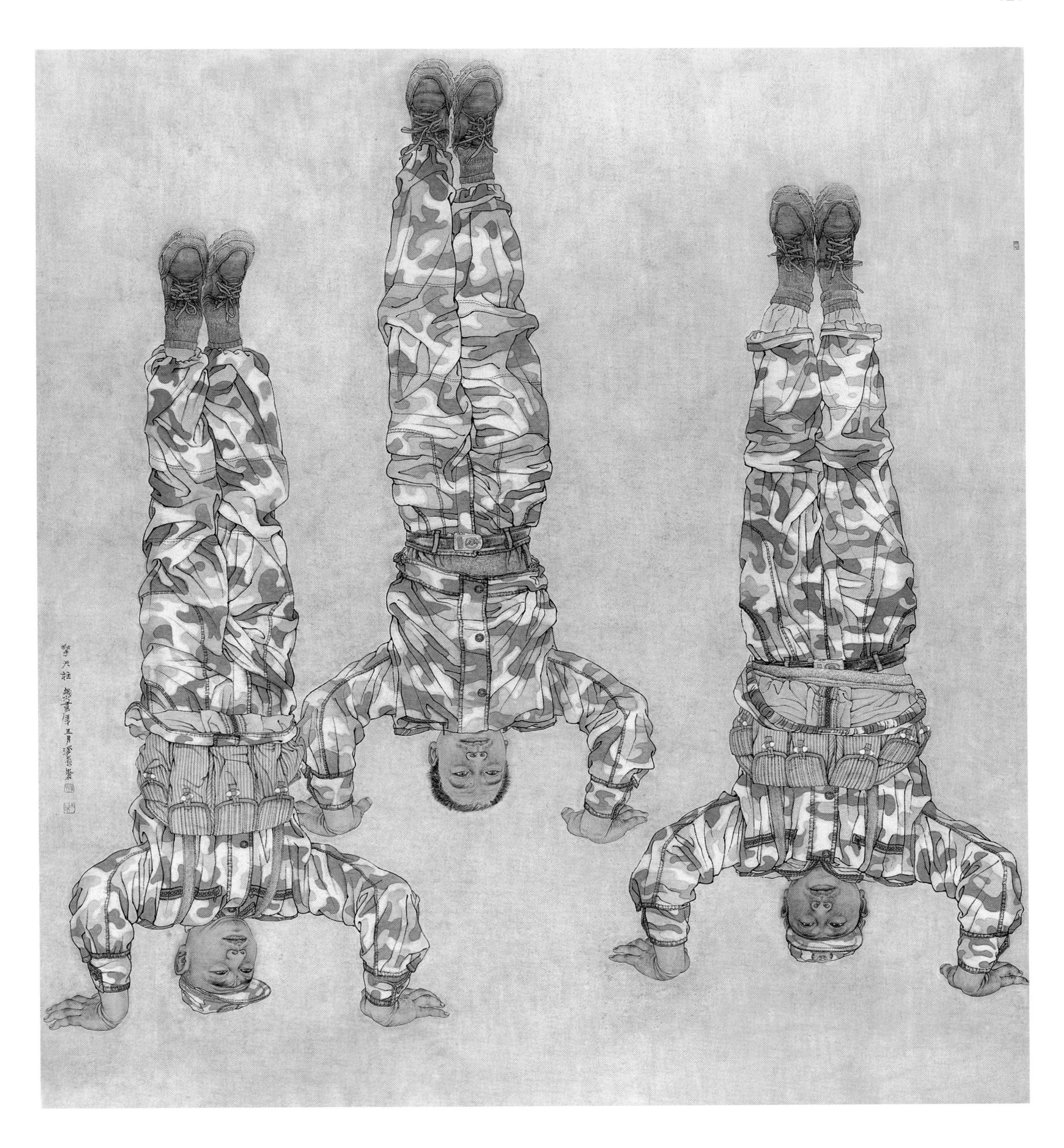

国画

擎天柱

金涌焱

183cm×210cm

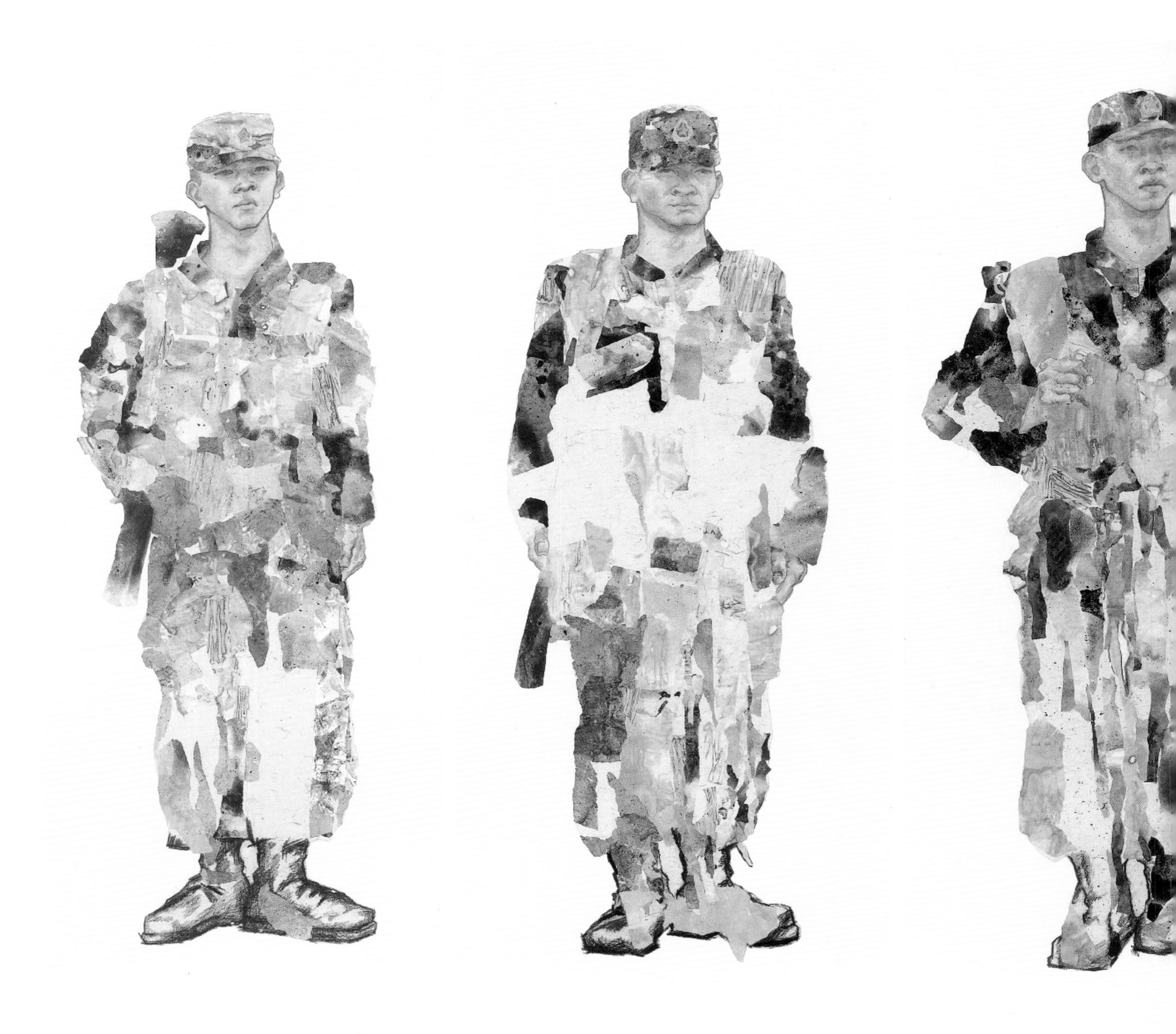

国画

整装待发

孙一

150cm×300cm×5

国画 | **锋时代·预备**
李连志
300cm×220cm

国画

步调一致

张道兴

200 cm×200 cm

国画

海风

王利军

200 cm×200 cm

国画

南海·南海

李翔

230 cm×300 cm

国画

凝聚

赵长海

182 cm×180 cm

国画

武器分解结合比赛

姚秀明　陈伊擘　丛荣启

300 cm×200 cm

国画

十五的月亮

石君

270cm×270cm

国画

雪狼突击队

苗再新

230cm×250cm

国画

降魔神兵

张旭磊　张立年

200 cm×200 cm

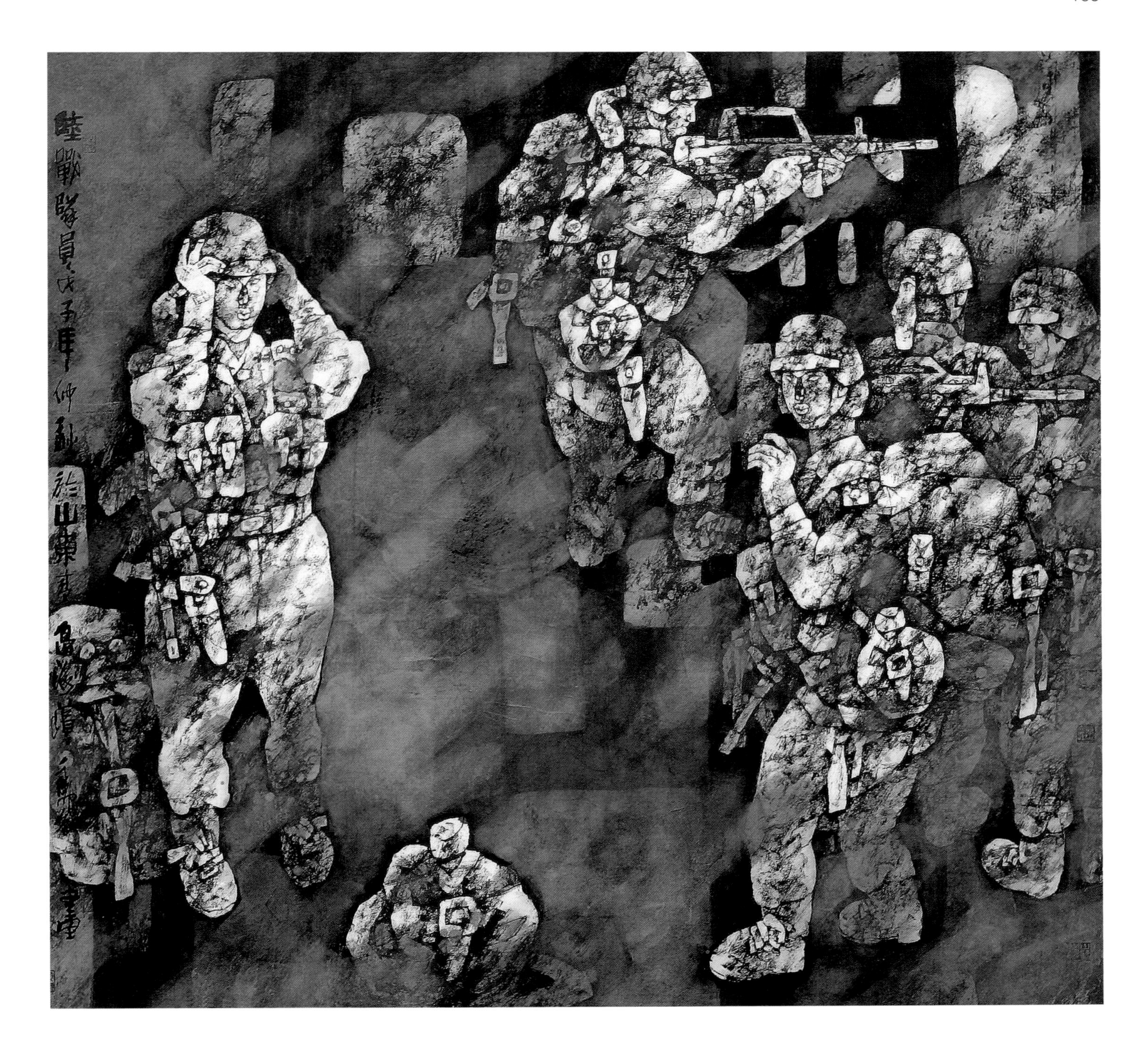

国画

陆战队员

周永家

179 cm×167 cm

国画

士兵突击系列

王云曲

200 cm×150 cm

国画

踏浪

萧李雷

252cm×216cm

国画

强军之路

朱耀谋

118 cm×231 cm

国画

歼十出击

杨文森

192cm×360cm

国画

波澜动远空

王刚

200 cm×300 cm

国画 | **海天流韵**
张明川
200 cm×200 cm

国画

大漠弯弓

李绍周

152cm×116cm

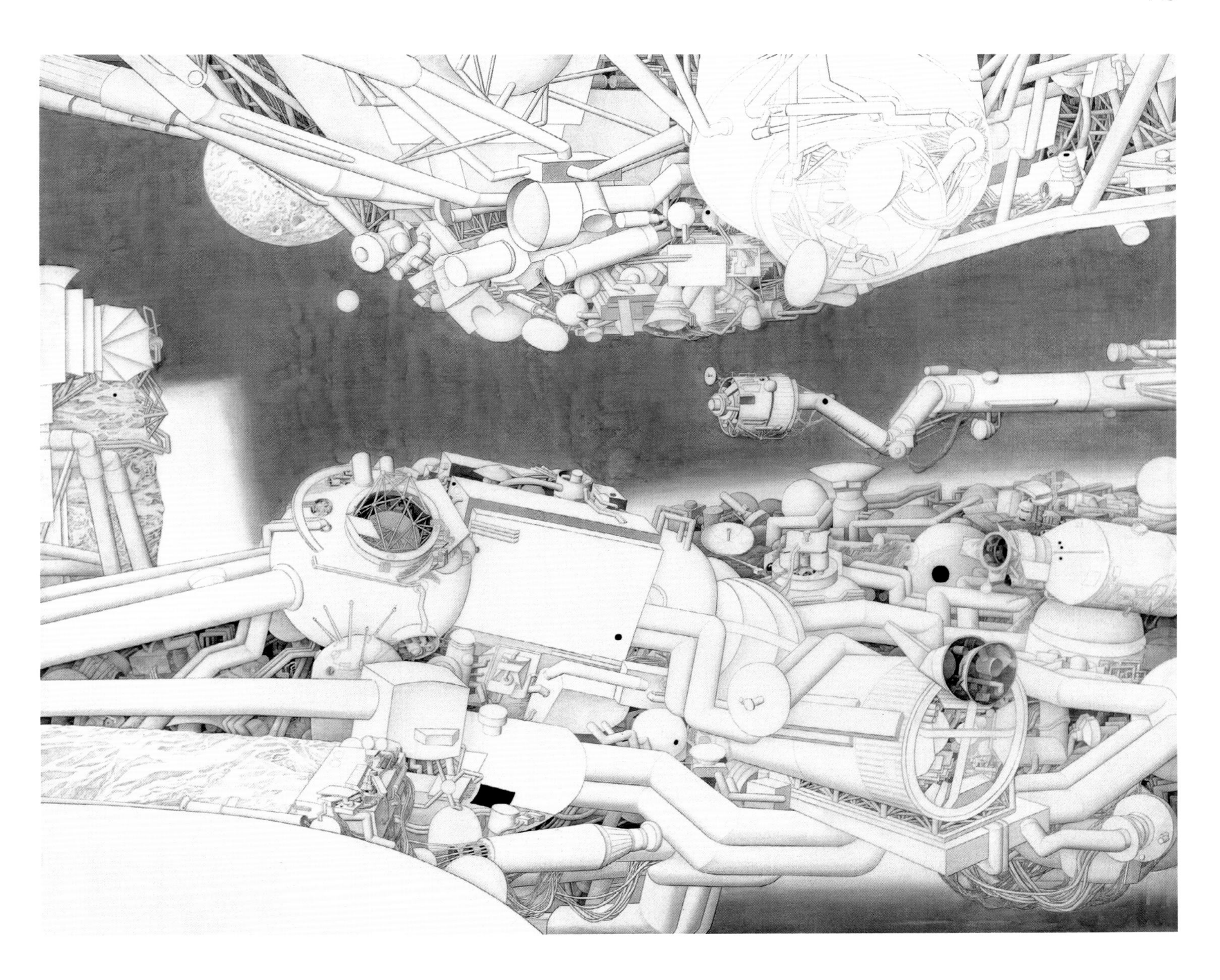

国画

探月

王利

200 cm×160 cm

国画

天宫

范琛

190cm×230cm

国画

飞天港

王利

120cm×160cm

P50
50069

油画

1950 · 丹东

邢俊勤　张燕妮

600 cm×220 cm

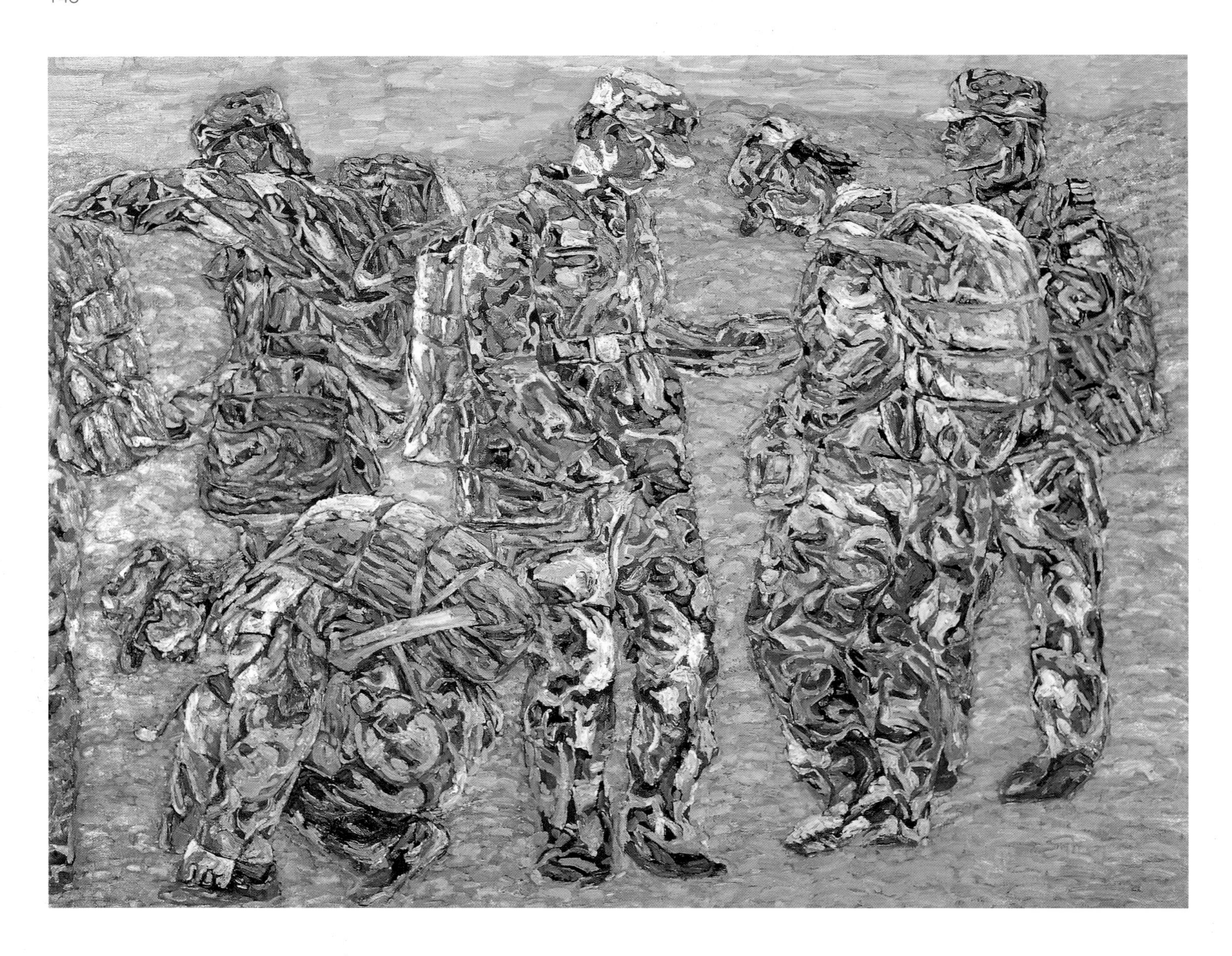

油画

高原迷彩

王双梅

200 cm×140 cm

油画

骑兵远去的冬天

何永兴

150cm×110cm

油画

冰雪路上

罗田喜

200 cm×160 cm

油画

车厂日

王树鹏

85cm×50cm

油画 | **泥潭砺兵**
江晓卫
200 cm×197 cm

油画

第二小分队

邢俊勤

200 cm×200 cm

油画

擦枪

王树鹏

70cm×50cm

油画

驻训日记

李明峰

200cm×175cm

油画

斗士

薛军

130cm×180cm

油画

尖兵

白展望

376cm×280cm

油画

反恐精英

罗田喜

455cm×205cm

油画

突击

张长东　王们书

150cm×180cm

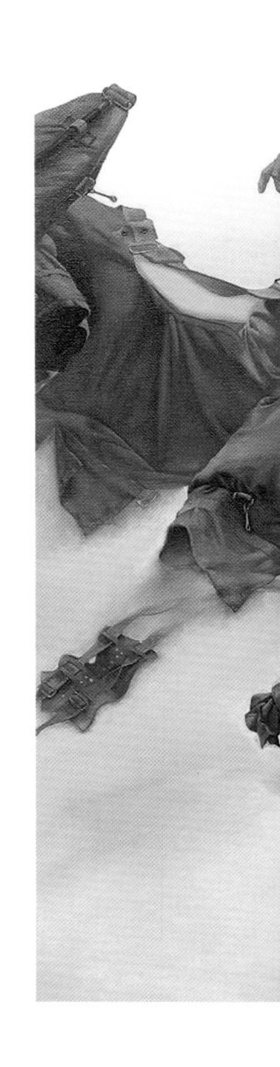

油画

飞行日

周长春

300cm×170cm

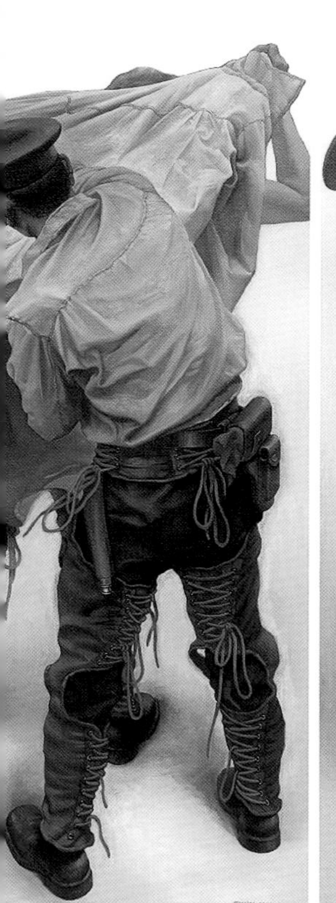

油画

天高云淡

周长春

420cm×180cm

油画

女子导弹发射号手

王大为　王艺博

300 cm×200 cm

油画

女兵系列——晚风

周末

180 cm×180 cm

油画

集结

雷刚进　张向辉

200cm×150cm

油画

军港之夜

陈科

155cm×100cm

油画

大洋挥戈

夏荷生　金永吉

420cm×170cm

油画

盾

黄小宁

163cm×117cm

油画

泛金岁月

高泉

193cm×112cm

油画

甲板运动会

周福林

199 cm×158 cm

油画

静止状态之二

郭兵

180cm×95cm

油画 | **丹心铸剑**
王大为
120cm×400cm

油画

神舟六号

张亚亮

150cm×190cm

油画

封存的记忆

贾善国

145cm×160cm

油画

和平年代——老兵工厂

张俊明

160cm×110cm

油画

和平之爱

裴长青

200 cm×180 cm

油画

和平使者

张利　徐德明

180cm×220cm

版画 | **雪域摩天哨**
熊家海
51cm×103cm

版画

高原巡逻兵

章红兵

110cm×280cm

版画

雪域雄鹰

肖付平　钟泽栋

70cm×106cm

版画 | **那一瞬间**
韩飞
115cm×90cm

版画

士兵突击

郑国伟　陆声设

130cm×130cm

版画

蛟龙

张禾

210cm×180cm

版画

铁马兵河

陈建平　杜彩霞

128 cm×80 cm

版画

训练日

李传康

135cm×73cm

版画

起点

贾力坚

70cm×90cm

版画

铁道兵丰碑

张士勤

82cm×70cm

版画

永固

王玉　黄一鸣

180cm×96cm

雕塑

钢铁长城

刘若望

70cm×110cm×145cm

雕塑

战争·生命

侯贺明　侯博文

50 cm×50 cm×180 cm

雕塑

同龄时代

景育民

320 cm×160 cm×90 cm

雕塑

渡——新十八勇士

刘若望

90cm×90cm×50cm×18

雕塑

钢铁结构

王树山

60 cm×480 cm×48 cm

雕塑

圆梦

张戈

110cm×110cm×158cm

鱼水情深　共铸辉煌

国画
油画
版画
雕塑

国画

红军来了

刘丽　成源　李志民

156 cm×200 cm

国画　**春暖**

刘丽　成君　张建颖

145cm×195cm

国画

母亲送儿打东洋

袁鹏飞 蒙虎

180cm×225cm

国画

军鞋

袁雪瀚

143 cm×220 cm

国画 | **军营开放日**
翟书同
175cm×170cm

国画

开学第一课

韩新维

170cm×200cm

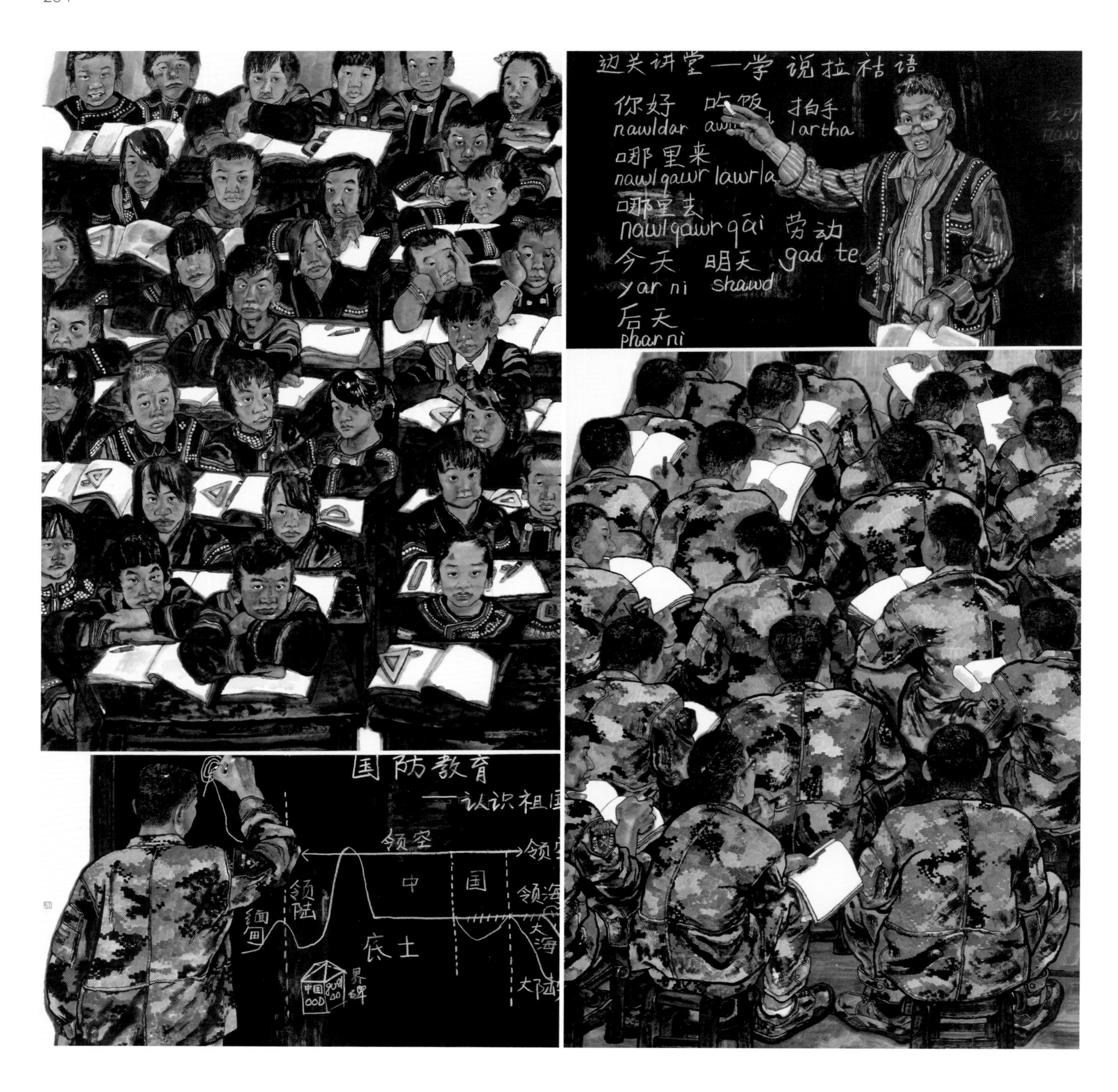

国画

互动讲堂在边关，你说拉祜，我话国防

谢淼

330 cm×300 cm

国画

记录

任惠中

195cm×200cm

国画 | **扎西平措上尉和阿爸阿妈**
李翔
420 cm×180 cm

国画 | **生死挺进**

苗再新

196cm×220cm

国画

当震撼撕裂大地的时候

邹立颖

143 cm×246 cm

国画

紧急救援

徐永新

200 cm×100 cm

油画 | **客从远方来**
孙浩
360cm×170cm

油画

情系北大仓

周丽萱

205 cm×155 cm

油画

畅想

张锦龙

153cm×130cm

油画

探亲

王泽林

155cm×100cm

油画

我的母亲

马万东　张利峰

150cm×150cm

油画

生命的呼唤

冬戈　冬雷

241 cm×241 cm

油画

铭记的时刻·家园

曲直

260 cm×180 cm

油画

众志成城

黄润生

200cm×120cm

油画 | **永恒的歌**
金凤石
300 cm×300 cm

版画

来自老百姓

代大权　贺秦岭

110cm×180cm

雕塑

母亲

柳青　房子剑

120cm×100cm×140cm

雕塑

红色沂蒙

王树山

200 cm×63 cm×50 cm

雕塑

支前

王洪亮　聂义斌

300 cm×230 cm×120 cm

雕塑

希望

聂义斌

70cm×70cm×110cm

雕塑

我是人民的一块砖

王帅

55cm×30cm×35cm

军旅生活　军人风采

国画

油画

雕塑

国画

前进　前进　前进

丁筱芳

200cm×210cm

国画

军号嘹亮

丁筱芳

185cm×195cm

国画 | **天使会唱歌**
施晓颉
223 cm×265 cm

国画

军营拍客

苑鸣鑫　裴豹

200 cm×200 cm

国画

南沙天浴

李翔

300 cm×180 cm

国画

步调一致才能得胜利

萧李雷　张亚杰

340cm×180cm

国画 **较量**

黄力生

180cm×150cm

国画

今晚有约

宋田田

180cm×240cm

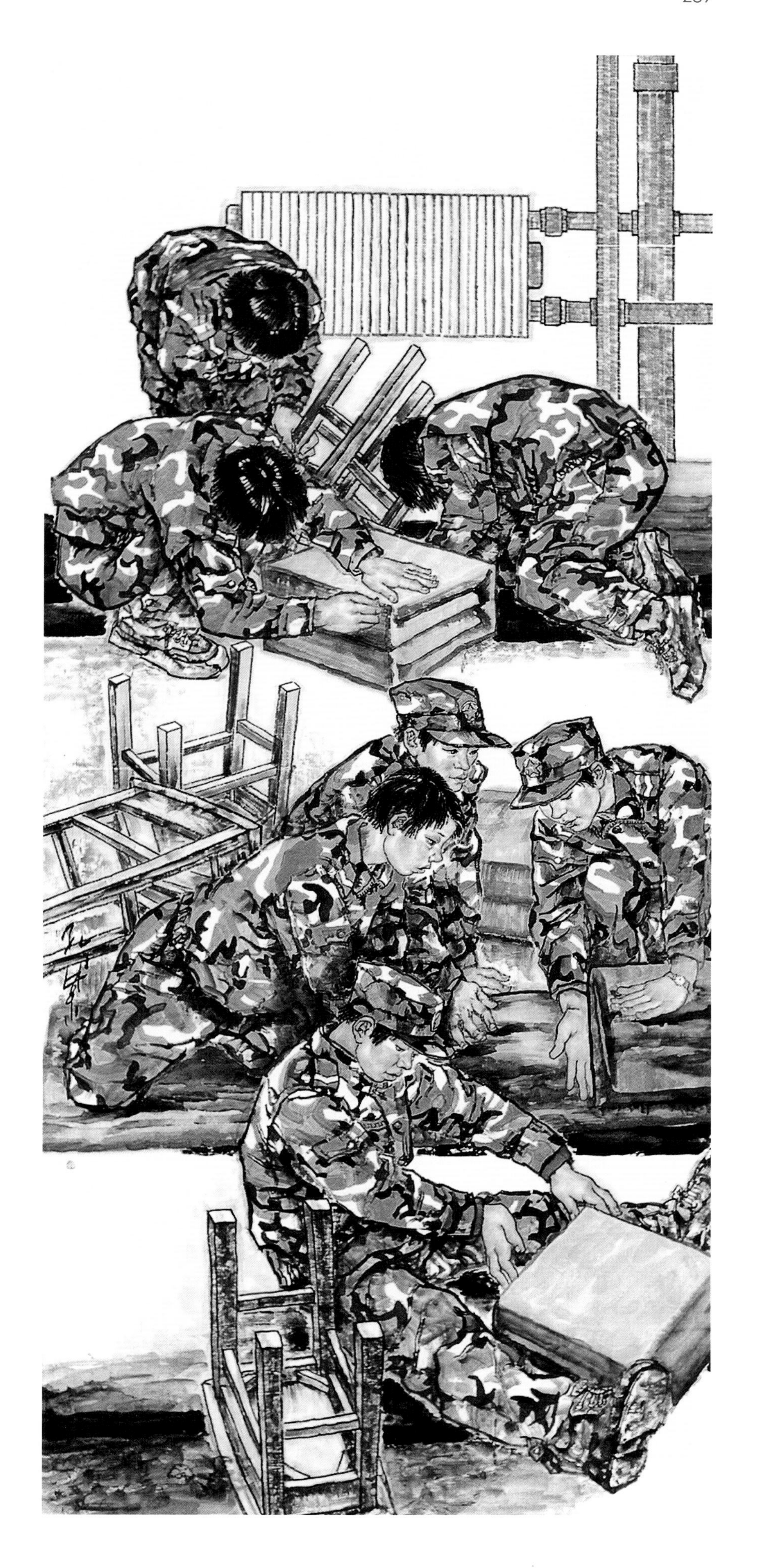

国画

新兵日志——冬训

孔紫

145cm×330cm

国画

星期天

姜婧

276cm×185cm

国画

小兵

陈思瑜

60cm×180cm×4

国画

战地玫瑰

向水英

177cm×200cm

国画

向阳花开

黄梦媛

175cm×190cm

国画 | **芦花香**
张恺桐
170 cm×200 cm

国画

传承

赵猛

207 cm×236 cm

国画　如歌的青春

兰晓龙

195cm×230cm

国画

西沙女兵

黄援朝

190cm×210cm

国画

抗战老兵

许浩　王博闻

100cm×200cm

国画

峥嵘岁月

王忠伟　杜石

180cm×146cm

油画

成长

孙均

130 cm×100 cm

油画

解放区的天

张立农

150 cm×180 cm

油画

骄阳

张姝

180cm×125cm

油画 | **较量**
叶献民
160cm×150cm

油画

我们军营

张文

140cm×100cm

油画 | **新兵集结**
王潇唯
200 cm×180 cm

油画 | **特种兵大队新兵姜浩、张小勇、王二柱等**

周武发

400 cm×200 cm

油画

硬汉

薛方明

110cm×190cm

油画

蓝色乐章

李广德

180cm×180cm

油画

海洋深处的早餐

周武发

350 cm×198 cm

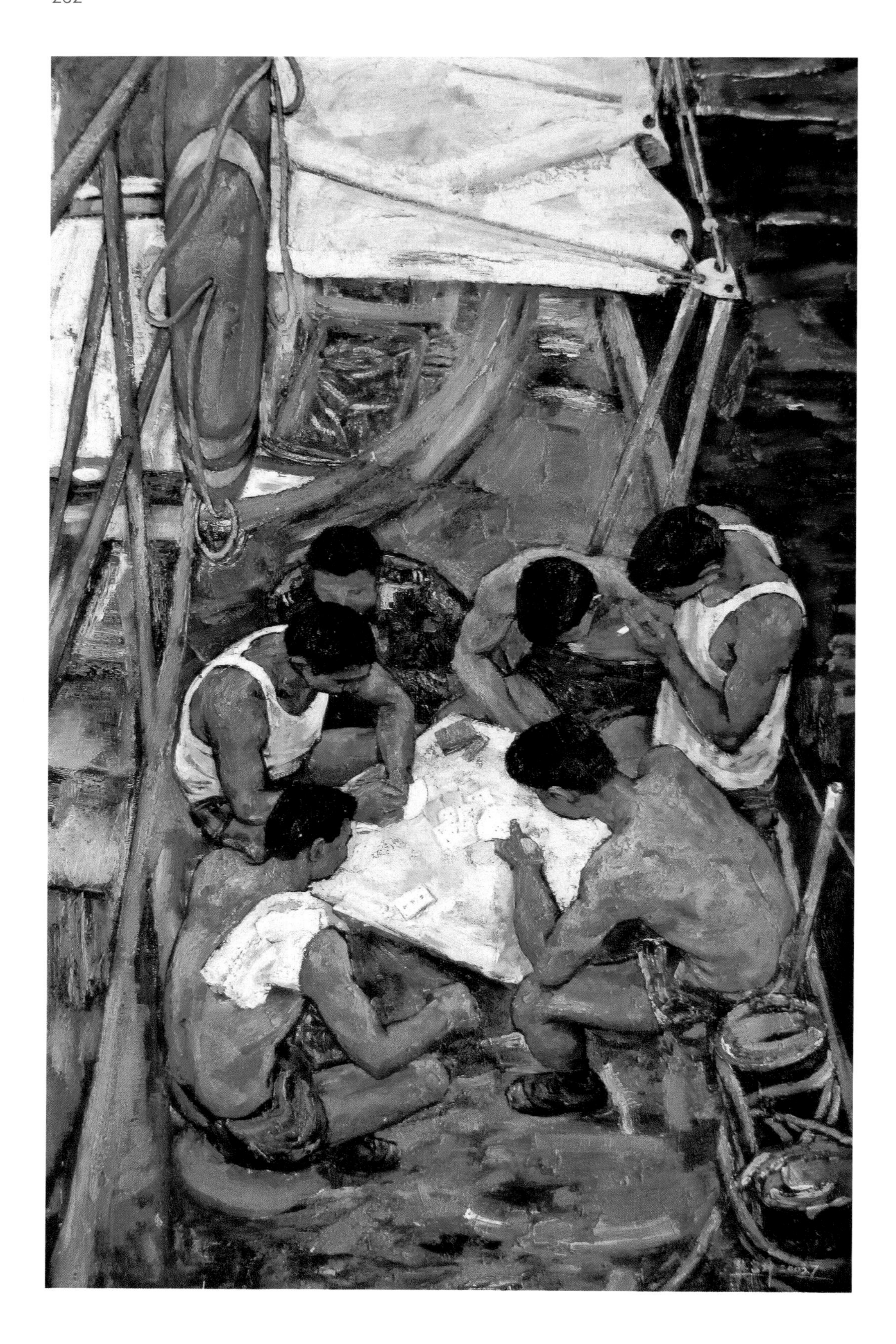

油画

酷暑

张富坤

100cm×190cm

油画 | **向阳**

袁来

120 cm×200 cm

油画

航空女兵

张燕妮

250 cm×130 cm

油画

军艺小丫头

罗敏

200cm×180cm

油画

没有炮声的晌午

于桂元　蒋宁

200cm×130cm

油画

蜕

陈坚

388 cm×128 cm

油画

老兵新传

广廷渤　刘剑英

130cm×185cm

油画

宁静

张超

150cm×150cm

雕塑

永恒的青春

谈强

145cm×95cm×98cm

雕塑

女兵

刘大力

50 cm×35 cm×105 cm